나의 작은 빛, 엘로디에게 -조에 암스트롱

모든 것에 감사하며 아빠와 오빠에게 그리고 가장 어두운 길에서도 빛이 되어 준 ML에게도 -안자 수사니

글쓴이 ✦ 조에 암스트롱
자선 단체와 교육 분야의 홍보를 담당하는 언론인이에요. 지금은 영국 셰필드에서 프리랜서 작가로 일하며
어린 딸과 함께 살고 있지요. 쓴 책으로는 『스파이를 찾아라』가 있어요.

그린이 ✦ 안자 수사니
크로아티아의 어느 해안 지방 출신으로 런던 예술 대학에서 일러스트레이션 석사 학위를 받았어요.
그린 책으로는 『인어들의 비밀스러운 삶』이 있어요.

옮긴이 ✦ 이정모
연세대학교 생화학과를 졸업하였고, 같은 학교 대학원에서 석사 학위를 받았어요. 서대문자연사박물관 관장,
서울시립과학관 관장, 국립과천과학관 관장으로 재직했으며 2019년 과학의 대중화에 기여한 공로로 과학기술훈장 진보장을 받았어요.
『과학자와 떠나는 마다가스카르 여행』, 『저도 과학은 어렵습니다만』, 『과학자를 울린 과학책』(공저), 『해리포터 사이언스』(공저) 등 여러 도서를 썼으며,
『인간 이력서』, 『매드 사이언스 북』, 『모두를 위한 물리학』 등 많은 도서를 번역했어요.

우리가 몰랐던
어둠 속에서 빛나는 생물들
초판 1쇄 발행 2023년 7월 31일

글 조에 암스트롱 | **그림** 안자 수사니 | **옮김** 이정모

펴낸이 박철준 | **편집** 신지원 정미리 | **디자인** 디자인서가 | **펴낸곳** 찰리북 | **출판등록** 2008년 7월 23일(제313-2008-115호)
주소 서울시 마포구 동교로18길 33, 201(서교동, 그린홈) | **전화** 02)325-6743 | **팩스** 02)324-6743
전자우편 charliebook@gmail.com | **인스타그램** instagram.com/charliebook_insta | **블로그** blog.naver.com/charliebook

ISBN 979-11-6452-058-9 (73470)

잘못된 책은 구입하신 곳에서 바꾸어 드립니다.
KC마크는 이 제품이 공통안전기준에 적합하였음을 의미합니다.

Originally published in the English language as "Curious Creatures GLOWING IN THE DARK" © Flying Eye Books 2021
Text © Zoë Armstrong 2021
Illustrations © Anja Sušanj 2021
Korean Translation Copyright © Charlie Book 2023
All rights reserved. This Korean edition was published by an arrangement with Flying Eye Books edition through JMCA

이 책의 한국어판 저작권은 JMCA를 통해 저작권사와의 독점 계약으로 찰리북이 소유합니다.
신 저작권법에 의하여 한국 내에서 보호를 받는 저작물이므로 무단 전재와 무단 복제를 금합니다.

우리가 몰랐던

어둠 속에서 빛나는 생물들

조에 암스트롱 글 ✦ 안자 수사니 그림 ✦ 이정모 옮김

찰리북

만일 우리가 우주에서 한밤중인 지구를 내려다본다면
어둠 속에서 사람들이 빛난다고 생각할 거예요.

맞아요. 어떻게 보면 우리는 빛나요.
우리가 살고 있는 동네와 도시들
그리고 자동차가 다니는 길은 전깃불로 반짝거리지요.

우리가 어둠 속에서도 볼 수 있는 건
빛이 있어서예요.

빛은 눈길을 끌지요.

빛은 위험한 걸
알려 주기도 해요.

그런데 사람들이 무거운 장비와 지구의 자원을 이용해서 만드는 빛을
혼자서도 만들어 내는 생물들이 있답니다.
바로 스스로 빛을 만들어서 사용하는 생물들이에요.
그럼 이제 어둠 속에서 빛나는 신비한 생물들을 만나러 가 볼까요?

이곳은 해가 진 오스트레일리아 웨일스 해변이에요.
늦은 시간 두 아이가 해변에 나왔네요.
아이들은 맨발로 해안선을 따라 달렸어요. 젖은 모래에 밝게 빛나는 발자국을 남기면서요.
아이들을 둘러싼 물결은 마치 파란 전등처럼 빛났어요.

야광충

우주에서 온 빛처럼 보이지만 사실 이 빛은 수십 억 마리의 작은 생물들이 만들어 낸 것이에요. 이 작은 생물을 야광충이라고 한답니다. 야광충들은 수면 바로 아래에 떠 있어요. 야광충들은 동물 같기도 하고, 식물 같기도 해요. 바닷물이 움직이는 대로 둥둥 떠다니지요. 이때 파도가 치거나 굶주린 포식자✦들이 등장하거나 또는 카약에 탄 사람들이 젓는 노와 마주치면 야광충은 생생하게 빛나지요. 이러한 현상을 **생물 발광**이라고 한답니다. 생물 발광에 대해서는 다음 장에서 자세히 배울 거예요.

✦ 포식자 : 다른 동물을 먹이로 하는 동물.

해군은 야광충을 연구해요. 배가 야광충이 있는 곳을 지날 때 밝은 빛이 남기 때문이에요. 이 빛은 해군이 비밀스러운 임무를 수행하는 데 방해가 되거든요.

과학자들은 생물을 부를 때 학명✦을 사용해요. 야광충의 학명은 녹틸루카 신틸란스랍니다. '반짝이는 밤의 빛'이라는 뜻이지요.

✦ 학명 : 학문적으로 편리하게 쓰기 위해 미생물을 포함한 모든 생물에 붙이는 이름.

사람과 비슷해

야광충은 사람과는 아주 다르게 생겼어요. 하지만 우리가 무서울 때 "도와줘!" 아니면 "저리 가!"라고 소리치는 것처럼 야광충도 반짝이는 것으로 의사 표현을 하지요.

생물 발광이란 무엇일까요?

생물이 뭔지는 다 알지요? 발광이란 '낸다'라는 뜻의 '발'과 '빛'이라는 뜻의 '광'을 합친 말이에요. 즉 생물 발광은 생물이 빛을 내는 현상을 말하지요. 그리고 이렇게 빛을 내는 생물을 발광 생물이라고 해요. 발광 생물은 몸에서 반짝반짝하거나 깜빡거리거나 순간적으로 번쩍이는 빛을 내요. 모두 몸 안에서 화학 반응이 일어나며 만들어 낸 것이지요. 야광봉을 꺾으면 화학 반응이 일어나서 빛을 내는 것과 같아요. 발광 생물이 사용하는 화학 물질은 '루시페린'과 '루시페라아제'예요. 이 두 물질이 산소와 함께 섞이면 빛이 나지요. 하지만 빛이 나는 모양은 여러 가지랍니다.

어떤 생물은 포토포어라는 빛을 내는 기관을 가지고 있어요.

몸이 작은 **반딧불오징어**는 빛을 내는 작은 포토포어가 온몸에 퍼져 있어요. 생물 발광을 이용해서 친구들에게 신호를 보내거나 또 자신을 실제보다 더 크게 보이게 하지요.

끈적거리는 생물 발광 점액을 뿜어내는 생물들도 있어요!

옥토카에투스 물리포러스는 뉴질랜드 지렁이예요. 누가 성가시게 하면 끈적거리는 오렌지색 발광 점액을 질질 흘리면서 가지요.

드플로카르디아 롱가는 미국 남부에 사는 지렁이예요. 끈적거리는 파란색 발광 점액을 토해서 포식자를 놀라게 하지요.

몸에 사는 야광✦ 세균 덕분에
반짝반짝 빛나는 바다 생물도 있어요.

✦ 야광 : 어둠 속에서 빛을 냄.

손전등물고기는 양 눈 아래에 손전등처럼 밝게 빛나는 조명이 있어요. 여기에 야광 세균이 들어 있지요. 손전등물고기는 바로 이 조명을 이용해서 먹이를 찾기도 하고 눈을 깜박여서 포식자가 먹이에 집중하지 못하게 해요.

미국 플로리다 해변과 멀리 떨어진 깊은 바닷속에서 해양 과학자들이 잠수를 해요.
그런데 보통 잠수복과는 다르게 생긴 잠수복을 입었네요.
마치 우주복 같아요.

짠 바닷물에서 자라는 해초 숲과 분홍, 빨강, 노랑, 초록 등의
온갖 색깔의 물고기 떼를 지나 아래로 아래로
더 아래로 내려가요.

깊어지면 깊어질수록 바닷속은 점점 더 어두워지고
마침내 어떤 색깔도 보이지 않아요. 바다 표면에서 250미터
아래로 내려온 해양 과학자는 손전등을 켰어요.

해저 생물 발광

이곳은 무척 깜깜하지만 발광 생물들이 내는 빛이 곳곳에서
보여요. 해양 과학자는 자신을 둘러싼 모든 곳에서 소용돌이치는
빛과 아름답고 찬란한 빛 그리고 펑펑 터지는 빛을 볼 수 있어요.
바다에 사는 생물의 4분의 3은 어둠 속에서 빛을 내요.
색깔 대신 빛으로 자신을 표현하는 거예요.

유광층

박광층

박광층은 200~1000미터 깊이의 넓게 펼쳐진 바닷속이에요. 박광층의 '박'은 '엷다' 또는 '적다'라는 뜻으로, 박광층은 빛이 흐릿하게 들어오는 곳을 말하지요. 이곳은 햇빛이 조금밖에 닿지 않지만 지구에서 생물이 가장 다양하게 분포되어 있는 곳 중 하나랍니다.

무광층

사람과 비슷해

우리가 학교 운동장이나 복잡한 도시에서 의사소통을 하며 수많은 정보를 주고받듯이 바닷속 밑바닥에 사는 발광 생물들도 빛으로 수많은 정보를 바쁘게 주고받지요.

빛으로 말해요

대낮에는 몸에서 빛을 내도 쓸모가 없어요. 하지만 깜깜할 때는 빛을 내는 게 초능력이 되지요.
발광 생물들은 주로 동굴 깊숙한 곳이나 깊은 바닷속처럼 햇빛이 닿지 않는 곳에서 살아요.
서로에게 빛으로 말하면서 도움을 주고받지요. 이들은 무슨 말을 할까요?

발광 생물들은 어떤 이야기를 하고 싶을까?

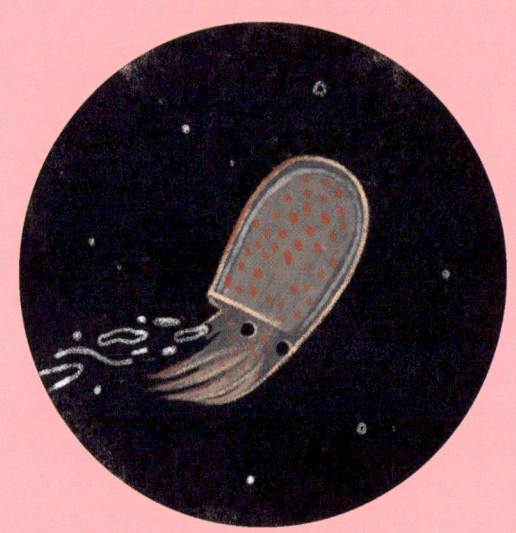

볼리타에나 피그마에아 문어는 짝을 찾아요.

암컷 입이 생물 발광으로 밝게 빛나요. "나를 봐!"라고 말하는 거예요.

빛을 본 수컷은 암컷에게 다가와 온몸을 흔들면서 춤을 추지요.

우리는 같은 편이야!

우아! **헤드라이트 랜턴피시** 수백 마리가 떼를 지어 쏜살같이 지나가네요.
자동차 헤드라이트처럼 코를 반짝이면서요.
헤드라이트 랜턴피시는 먹이를 먹으려고 할 때 이렇게 빛을 내지요.
그런데 이러한 빛의 형태는 함께 헤엄치는 친구들이
많을수록 안전하고 더 도움이 돼요.
빛은 "얘들아, 우리는 같은 편이야!"라고 말하는 거니까요.

저리 가! 나도 화나면 무섭다고!

발광빨판문어는 박광층에 살아요. 박광층은 넓게 펼쳐진 바닷속이어서 빨판을 이용해서 붙어 있을 곳이 없어요. 그래서 빨판 대신 포토포어를 진화시켰어요. 포식자가 다가오면 "펑!" 하고 불을 밝히지요. 그러면 포식자는 놀라서 도망가 버려요.

가까이 오지 마. 난 숨어 있을 거야!

"쉿!" **눈플래시오징어**가 숨는 중이에요. 몸 아래쪽에서 빛나는 포토포어가 위쪽 바닷물과 잘 섞이도록 도와주네요. 그래서 아래쪽에 숨어 있는 포식자에게는 이 눈플래시오징어가 거의 보이지 않아요. 이런 걸 **반대 조명**이라고 해요. 반대 조명은 몸을 잘 안 보이게 해 주는 조명이에요.

배가 고파!

겨우 오이 크기만 한 **검목상어**도 반대 조명을 사용해요. 하지만 숨으려는 게 아니에요. 목에는 빛나지 않는 검정 줄이 있어서 오히려 몸을 작게 보이게 하지요. "나는 맛있어! 이리 와서 나를 먹어!"라며 속임수를 쓰는 거랍니다.

순진한 **긴부리돌고래**가 속임수에 걸려들었어요. 작은 검목상어가 공격하네요. 긴부리돌고래의 옆구리에 입술을 바짝 붙인 후 아래턱에 난 커다란 세모꼴 이빨로 깨물고 뒤틀어서 둥근 모양으로 잘라 먹어요. 맛있는 저녁 식사 시간이네요.

바다 표면에서 1000미터 넘게 내려가면 무광층이에요.
어둠 속에서 곱고 가는 빛이 천천히 떠다니지요.

에스카

일리시움

아이코, 무시무시한 물고기였네요. 이빨이 가득하고
얼굴에 빛나는 등불을 달고 있어요.

근처를 지나던 새우들이 불빛을 향해 다가와요.
먹음직스러운 새우예요. 무시무시한 물고기가 거대한 턱을 벌리더니
한입에 꿀꺽하고 새우를 삼켰어요.

혹등아귀

이 신기한 생물은 혹등아귀예요. 입의 위쪽에 툭 튀어나온 긴 낚싯대 끝에는
작은 덩어리가 있지요. 이 안에는 야광 세균이 가득해요.
바로 이 세균들이 빛을 내는 거랍니다.

낚싯대처럼 생긴 막대기는 **일리시움**이에요. 혹등아귀의 등지느러미의 첫 번째
가시가 변한 것이에요. 일리시움 끝에 달려 있는 빛나는 미끼는 **에스카**예요.
이곳에 야광 세균들이 들어 있지요.

바닷속으로 깊이 들어갈수록 물의 압력이 더 세져요.
그래서 사람이 무광층까지 내려가는 일은 매우 어렵지요.
깊은 바닷속은 거의 원격 조정 잠수정과
특수 수중 카메라를 이용하여 탐사한답니다.

사람이 탐험한 바다는
겨우 5퍼센트뿐입니다!

암컷 혹등아귀에게만 빛이 나요.
이 빛은 훨씬 작은 수컷을 유인하는 데도
쓸모가 있어요.

사람과 비슷해

혹등아귀는 낚싯대처럼 생긴 막대기로 다른 생물들을
꾀어내요. 우리가 끈에 매단 공으로 고양이를 꾀어내고
개 껌으로 강아지를 꼬드기는 것처럼요.
낚시를 할 때에는 미끼를 쓰는 것처럼요. 그런데 우리도
미끼에 걸려들 때가 있어요.
초콜릿의 달콤한 냄새에 끌리듯이 말이에요.

사람들도 생물 발광을 이용해요

전 세계 사람들은 아주 옛날부터 생물 발광을 이용하려고 노력했어요.
그리고 지금까지 놀라운 방법으로 다양하게 사용했지요.

안전등을 발명하기 전에 영국과 유럽의 광부들은 **반딧불이**를 넣은 병과 빛나는 **생선 껍질**을 넣은 항아리로 광산 안을 밝혔어요. 아무리 약한 빛이라도 없는 것보다는 나으니까요.

제2차 세계 대전 동안 일본 군인들은 말린 **개형충** 빛을 이용해 지도를 읽었어요. 개형충은 참깨만 한 작은 생물이에요. 말린 개형충에 물을 부으면 빛이 나지요.

고대 로마에서는 빛나는 해파리 점액을 지팡이에 문지르면 휴대용 횃불이 된다는 말이 전해졌어요.

아마 로마인들은 **야광원양해파리** 점액을 사용했을 거예요. 야광원양해파리는 겁에 질리면 생물 발광 점액을 흘리거든요.

해양 과학자 에디스 앤 위더 박사는 생물 발광 해파리와 비슷한 로봇 해파리를 발명했어요. 위더 박사는 로봇 해파리로 **대왕오징어**를 심해 카메라 앞으로 꾀어냈어요. 이 신비로운 오징어는 몸길이가 버스보다도 길고 눈은 사람 머리만 해요.

심해왕관해파리는 공격을 받으면 푸른색 빛이 반짝거려요. 생물 발광을 이용하여 비명을 지르는 거지요. 그러면 더 큰 포식자가 나타나서 공격자를 먹어 치우지요. 위더 박사는 바로 이 점을 이용하여 로봇 해파리를 만들었지요.

로봇 해파리

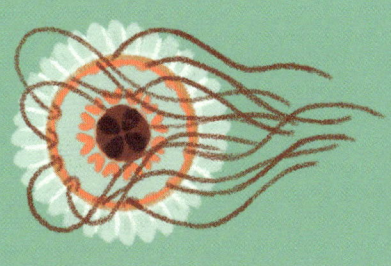
심해왕관해파리

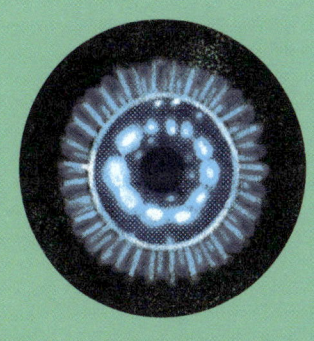
심해왕관해파리의 비명

일본의 여름밤이에요. 한 가족이 숲 근처에 모였어요.
해가 지자 반짝이는 황록색 빛이 가득 퍼졌어요.

나무 사이를 떠다니는 불빛이 하나씩 하나씩 깜빡이더니
수천 개의 작은 빛이 박자를 맞추어 동시에 깜빡여요.

일본반딧불이

조금 더 가까이 다가가서 살펴볼까요? 이 빛은 딱정벌레에 속하는 특별한 종류인 반딧불이가 내는 거예요. 이 반딧불이의 학명은 루시올라 크루시아타예요.

반딧불이의 배 끝에 빛을 내는 기관이 있어요. 수컷들은 박자를 맞추어서 동시에 빛을 깜빡이고 암컷들은 다른 박자로 깜빡이지요. 이렇게 어둠 속에서 암컷과 수컷은 서로를 찾아낸답니다.

반딧불이는 주로 짝짓기를 하는 데 빛을 사용해요. 하지만 포식자에게 "이봐. 나는 아주 쓴맛이 나. 그러니 나를 먹을 생각은 하지 마!"라며 경고의 뜻으로 깜빡이기도 한답니다.

전 세계적으로 반딧불이는 2000종이 넘어요. 빛의 색깔과 깜빡이는 순서는 종마다 다르답니다.

반딧불이는 일본뿐만 아니라 한국에서도 볼 수 있어요. 일본과 한국에서는 여름밤에 물과 공기가 깨끗한 곳에 가면 반딧불이를 볼 수 있지요. 반딧불이는 그 특유의 환상적인 빛으로 시와 노래 그리고 영화에도 종종 등장한답니다.

사람과 비슷해

우리도 반딧불이처럼 빛을 이용해서 신호를 보내거나 관심을 끌어요. 다른 사람의 시선을 사로잡기 위해 불이 들어오는 운동화를 신거나 반짝이는 재킷을 입지요. 또 플래시를 이용해서 친구에게 암호 신호를 보낼 수도 있어요. 한번 해 볼래요? 아주 재미있을 거예요.

발광 생물들의 멋진 쇼를 볼까요?

지구의 발광 생물들은 대부분 깊은 바닷속에 살아요. 사람들이 보기 힘든 곳이지요.

그런데 육지에서도 어둠 속에서 빛나는 생물들이 살아요. 그 생물들의 눈부신 매력에 푹 빠져 보세요.

그럼 이제 발광 생물들의 멋진 쇼를 축하하러 가 볼까요? 마술 쇼보다 더 신비하답니다.

뉴질랜드 마오리족은 이 반딧불이를 **티티와이**라고 불러요.

뉴질랜드반딧불이

보트 한 척이 뉴질랜드 지하 동굴 깊숙이 들어가요. 배에 탄 사람들이 높고 가파른 동굴 천장을 쳐다보네요. 수백만 개의 별이 반짝여요.

하지만 이건 진짜 별빛이 아니라 애벌레예요. 뉴질랜드반딧불이라고 불리는 곰팡이각다귀의 애벌레랍니다. 이 벌레를 보려고 전 세계에서 사람들이 찾아온답니다.

뉴질랜드반딧불이 애벌레는 배에서 생물 발광을 해요.
이 생물 발광을 이용해서 먹이를 잡지요.

알에서 깨어난 애벌레는 끈끈한 점액으로 동굴 천장에 둥지를 만들어요. 그러고는 수십 개의 비단 실을 뿜어서 낚싯줄처럼 매달아요. 각각의 줄에는 끈적거리는 물방울이 달려 있지요.

뉴질랜드반딧불이 애벌레는 먹이를 꾀어내기 위해 움직이면서 끈적거리는 몸속 튜브를 통해 배에서 생물 발광을 하지요. 그러면 실에 달려 있는 물방울이 반짝거리며 빛나요. 애벌레는 배가 고플수록 더 밝은 빛을 낸답니다.

빛을 향해 달려든 각다귀와 하루살이는 끈적거리는 물방울에 달라붙게 돼요. 뉴질랜드반딧불이 애벌레의 점심 식사네요!

남아프리카 공화국의 하늘이 어두워지자 어린 탐험가들이 신기한 생물을 찾아요.
자외선램프를 비추면 숨어 있는 생물을 찾을 수 있지요.

자외선램프의 빛은 사람에게는 보이지 않아요. 태양은 우리 눈에 보이는 가시광선과 함께 우리 눈에 보이지 않는 자외선도 내보내기 때문이에요.

전갈

전갈은 흙과 색깔이 비슷해요. 하지만 그건 속임수 많은 전갈의 바람일 뿐이지요. 자외선램프를 비추면 전갈은 청록색으로 빛난답니다.

전갈은 생물 발광 대신에 다른 방식으로 빛나는 법을 발전시켰어요. 바로 태양 에너지를 사용하는 것이지요. 이걸 **생물 형광**이라고 해요. 생물 형광에 대해서는 다음 장에서 자세히 배울 거예요.

사람과 비슷해

전갈은 왜 자외선 아래에서 빛날까요? 다양한 이론이 있어요. 그 가운데 하나는 생물 형광이 햇빛으로부터 전갈을 보호한다는 것이에요. 생물 형광은 야행성인 전갈에게 "지금 바깥이 너무 밝아! 숨을 곳을 찾으라고!"라며 경고하는 것일 수도 있어요. 마치 우리가 자외선 차단제를 바르거나 햇볕이 뜨거운 날 그늘을 찾는 것처럼 말이에요.

달빛은 햇빛이 달 표면에 반사해서 생긴 빛이에요. 그래서 달빛에도 자외선이 들어 있지요.

전갈은 야행성 동물이에요. 야행성은 밤에 활동한다는 뜻이지요. 전갈은 빛을 싫어해요. 심지어 보름달도 피하지요. 그래서 포식자들이 전갈을 발견하기 어렵답니다.

생물 형광이란 무엇일까요?

생물 형광은 생물이 태양 에너지를 받을 때에 빛나는 현상을 말해요.
그리고 이렇게 빛나는 생물을 형광 생물이라고 해요.
형광 생물은 자외선을 받을 때만 반짝거리지요.
자외선은 사람 눈에는 보이지 않는 빛이에요. 자외선은 태양이나 달 또는
특수 손전등에서 나오는 빛이지요.

형광 생물의 몸 안에 있는 분자들이 자외선을 파란색, 초록색, 노란색, 청록색 또는
빨간색 빛으로 바꿔 줘요.

전갈은 대표적인 형광 생물이에요. **외골격**이라고 부르는 껍질이 눈에 보이지 않는
자외선을 흡수해서 눈에 보이는 빛으로 내보내지요. 다음과 같이 말이에요.

자외선이 전갈의 외골격 표면에 닿습니다.

외골격 안에 있는 분자가 자외선을 흡수합니다.

분자는 자외선을 순식간에 다른 색깔의 빛으로 바꾸어 내보내지요. 이게 바로 생물 형광이에요. 자외선이 사라지면 전갈의 형광 빛도 사라진답니다.

대부분의 육지 동물들은 형광 생물이 아니에요. 환한 낮에 활동하기 때문이지요. 하지만 생물 형광을 속임수로 잘 쓰는 동물들도 있답니다. 밤에 활동하는 동물들 그리고 빛이 아주 희미하게 들어오는 숲속에 사는 동물들이 그렇지요.

또한 이 동물들은 특수 손전등이 없어도 다른 형광 생물들의 몸을 볼 수 있어요. 사람과 감각이 다르기 때문이에요. 이 동물들은 사람들이 보지 못하는 빛을 볼 수 있어요. 그들이 보는 세상은 우리가 보는 세상과 다르답니다.

미국 중서부에서 숲을 연구하는 과학자가 숲에서 형광 생물을 찾고 있어요. 머리 위에서 짹짹거리는 소리가 들리는 곳으로 자외선램프를 비춰 보네요. 갈색과 초록색 사이에서 번쩍이는 분홍빛이 보여요.

신세계날다람쥐

그날 밤 놀라운 것을 발견했어요. 자외선을 비추면 형광 분홍빛을 내는 신세계날다람쥐예요. 날다람쥐가 나무 사이를 날아갈 때 펼치는 날개막의 털에서 형광 분홍빛이 나요.

이 날다람쥐는 새벽과 해 질 녘에 가장 활발하게 움직여요. 깜깜한 밤보다 자외선이 많은 시간이거든요. 자외선은 생물 형광의 완벽한 조건이 되지요.

다람쥐인가요, 올빼미인가요? 신세계날다람쥐는 형광 분홍빛으로 빛나기 때문에 깃털 달린 포식자를 헷갈리게 합니다. 왜냐하면 올빼미 역시 형광 분홍빛으로 빛나거든요.

이 빛은 눈속임일 수도 있어요. 형광 분홍빛으로 빛나는 곰팡이와 버섯 안에 숨어 있으면 찾기 힘드니까요.

파넬루스 스킵티쿠스라는 버섯이에요. 형광 빛으로 빛나는 버섯이지요. 몇 종류의 버섯이 어둠 속에서 빛을 내고 있네요.

사람과 비슷해

신세계날다람쥐가 왜 빛나는지 정확히 알려지지 않았어요. 하지만 분홍빛은 해 질 녘에 서로를 알아보는 데 도움이 돼요. 깜깜한 길에서 자전거를 타거나 걸어서 집으로 갈 때 형광 빛 무늬가 있는 옷을 입으면 눈에 잘 띄어서 안전한 것처럼 말이에요.

비밀스럽게 빛나요

생물 형광은 우리가 이해할 수 없는 현상이에요. 마치 아직 배우지 않은 언어처럼 말이에요. 그런데 과학자들이 세계 곳곳에서 비밀스럽게 빛나는 생물이 많다는 사실을 밝혀냈어요.

카멜레온

빛이 흐릿하게 들어오는 마다가스카르 숲속. 카멜레온 한 마리가 그 빛을 받은 채 앉아 있어요. 그런데 알록달록한 피부 아래에서 뭔가 빛나요. 눈부신 점들이 만들어 낸 무늬가 얼굴과 머리에서 빛나는 것이지요. 이 빛은 형광 빛이 나는 뼈에서 나오는 거랍니다.

빛은 카멜레온 두개골의 울퉁불퉁한 피부에 있는 얇은 창을 통해 형광 빛이 나는 뼈에 닿지요. 다른 카멜레온들도 숲에 있으면 이 빛나는 푸른 점들을 볼 수 있어요.

물방울무늬개구리

아르헨티나 과학자들은 이 작은 초록 개구리가 보이는 것보다 더 눈부시다는 걸 알아냈어요.

남아메리카 곳곳에 사는 물방울무늬개구리는 가장 먼저 발견된 형광 개구리예요. 자외선을 받으면 선명한 청록색 빛이 나지요. 놀랍게도 개구리와 다른 양서류에서 형광 생물들이 많이 발견되었어요. 이 형광 생물들은 형광 빛으로 이야기를 주고받기도 하고, 짝도 찾아요.

과학자들은 코뿔바다오리의 부리를 연구할 때 코뿔바다오리의 눈을 보호하기 위해 작은 선글라스를 만들었어요.

오리너구리

오리너구리는 여러 가지로 흥미로운 동물이에요. 오스트레일리아에 사는 포유류인데 알을 낳아요. 원래 포유류라면 새끼를 낳아야 하는데 말이에요. 주둥이는 오리처럼 생겼고, 비버의 꼬리와 비슷한 꼬리가 있지요. 뒷다리에는 독이 든 샘이 있어요. 게다가 오리너구리는 생물 형광으로 빛난다고 해요.

이 사실에 깜짝 놀란 과학자들은 강에 사는 오리너구리가 자외선을 받으면 왜 청록색 빛을 내는지 알아내려고 연구 중이에요.

코뿔바다오리

아이슬란드의 어느 풀이 무성한 절벽 위에서 코뿔바다오리가 물고기를 꿀꺽 삼켜 버렸어요. 코뿔바다오리의 부리는 색깔이 화려하고 생물 형광으로 빛나요. 자외선을 받을 때 부리의 가장자리가 노랗게 빛나요. 이건 건강하다는 뜻이에요. 그래서 짝짓기 하는 데 유리하답니다.

이 생물 형광은 새끼에게 먹이를 줄 때도 도움이 돼요. 코뿔바다오리 새끼는 빛이 희미한 굴속에서 몇 주를 살거든요. 물고기를 잔뜩 물고 있는 부리가 빛나면 새끼들이 정말 좋아한답니다.

남서태평양 솔로몬 제도 근처에서 해양 과학자가 생물 형광으로 빛나는 산호를 촬영 중이에요. 호기심 많은 동물들이 찾아오네요. 물속에서 조용히 미끄러지듯이 다가오니까 꼭 빛을 내는 비행접시처럼 보여요.

매부리바다거북

매부리바다거북은 파충류 가운데 가장 먼저 형광 생물로 기록됐어요. 그렇다고 이 매부리바다거북이 외계 생물처럼 이상한 건 아니에요. 햇빛이 비치는 바다 표면 가까이에는 이러한 형광 생물들이 많이 산답니다.

자외선과 푸른빛은 물을 통과해서 거북 같은 형광 생물들을 눈부시게 하지요.

거북 등딱지의 초록색과 붉은색 형광은 먹이를 찾아 산호 사이를 헤매는 거북을 쉽게 위장하도록 도와줘요. 산호도 생물 형광으로 빛나고 있으니까요. 그래서 먹이를 노리는 포식자들이 거북을 발견하기 어렵지요.

과학자들은 생물 형광으로 빛나는 물고기를 벌써 수백 종이나 발견했어요. 연구한 지 얼마 안 됐는데 말이에요.

바닷속에는 매부리바다거북이 몇 마리 남지 않았어요. 심각한 멸종 위기 상태지요. 어쩌면 이 매부리바다거북이 빛나는 이유는 영원히 밝혀지지 않을지도 몰라요.

사람과 비슷해

매부리바다거북이 수줍은 듯이 바위와 빛나는 산호 사이에 어우러져 있어요. 우리도 때때로 남들과 섞여서 튀지 않으려고 하잖아요. 숨바꼭질을 하거나 친구들과 비슷한 옷을 입으려고 하지요. 다르다는 것은 멋진 일이지만 때로는 어우러지는 것이 마음이 편할 때도 있어요. 매부리바다거북처럼 말이에요.

빛나는 생물들과 미래를 함께해요

어둠 속에서 빛나는 생물들을 보고 사람들은 에너지를 절약하고 지구를 보호하며
질병을 연구할 수 있는 새로운 방법을 찾게 되었어요.

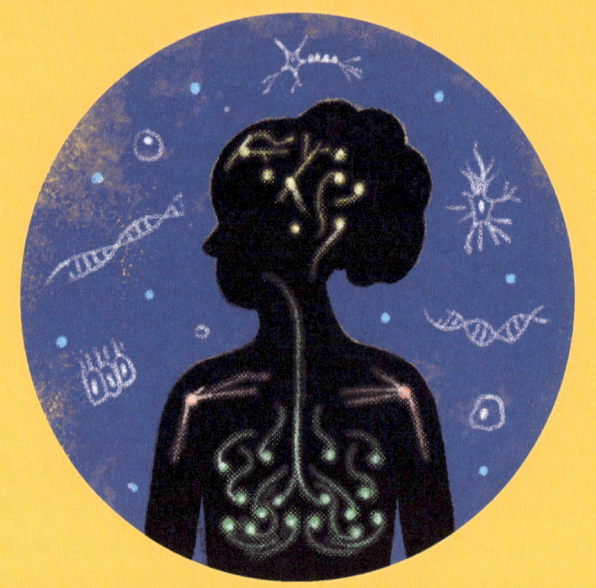

생물 발광은 우리가 바다를 보호하는 데 도움을 줘요. 미국 플로리다에서는 야광 세균으로 바다의 오염도를 검사하지요. 밝게 빛난다면 물이 건강하다는 뜻이에요. 반대로 빛이 흐릿하다면 살충제, 중금속 또는 플라스틱으로 물이 오염되었다는 뜻이지요.

생물 발광과 생물 형광은 의약품 개발에도 도움을 줘요. 과학자들은 이 생물 발광과 생물 형광 물질로 암세포가 몸 안에서 어떻게 이동하는지, 병이 얼마나 진행되었는지도 알 수 있어요. 이렇게 연구를 하다 보면 마침내 치료 방법도 알 수 있지요.

미국의 어느 연구팀은 발광 생물들의 빛을 내는 물질을 이용하여 빛이 나는 식물, 물냉이를 만들었어요.
러시아와 영국 그리고 오스트리아 과학자들은 생물 발광 버섯 유전자로 빛나는 식물들을 만들었어요. 언젠가는
전기 플러그를 꽂을 필요가 없는 책상 등을 만들 수도 있을 거예요. 그렇게 되면 에너지를 절약할 수 있겠지요?

덴마크의 과학자들은 어둠 속에서 빛나는 나무를 발명하려고 애쓰고 있어요.
언젠가 이 빛나는 나무가 도시를 밝히는 데 도움이 될 거라고 믿기 때문이지요.

우리는 특별하고 비밀스럽게 빛나는 생물들과 함께 지구에서 살아가요.
이 생물들은 우리와 많이 다르지만 비슷한 점도 많지요.

살아남기 위해

그리고 잘 자라기 위해

우리처럼 의사소통을 한다는 점이지요.

이 생물들은 수백만 년 동안 지구에서 빛났어요.
앞으로도 이 생물들이 계속 빛날 수 있을지는
우리에게 달려 있어요.